나무 바닥에 핀 들꽃 이야기

나무 바닥에 핀 들꽃 이야기

황 재 현 시집

그림과책

고독을 찾아 훌쩍 여행을 떠나 보기도 했지만……

삶의 여정은 변화무쌍하게도 시시각각 다르게 다가오는 예고편 없는 장편의 영화인지도 모른다. 태풍 불어 거센 물결을 때로는 온몸으로 막아서야 하고 쉼 없이 재를 넘고 또 넘어도 남아 있는 고개를 가늠조차 할 수 없는 것이 인생이다.

가끔은 하늘을 보고 걸어왔던 길을 돌아다본다. 내 가슴 깊은 골짜기 따라 아득하기만 한 기억들이 허무로 다가오기도 하지만 세상을 내 손 안에 쥐고 싶었던 자만과 오기들로 가득 채워진 세월이라는 수레에는 무게에 눌린 바퀴가 삐걱거리며 지금 이 순간에도 굴러만 간다.

내 생애 다하는 날까지 멈추지 않는 시간을 하나둘 일기처럼 적다 보니 삶이 곧 시가 되었고 고독이란 단어 앞에서 오히려 고독을 즐기며 고독을 찾아 훌쩍 여행을 떠나 보기도 했지만 시인은 외롭지 않았다.

하찮은 미물의 작은 생명체부터 돌덩이 한 개 나무 한 그루마저도 친구가 되었고 내 안에 숨어지낸 보잘것없는 사연들을 세상에 드러내 놓을 수 있으니 이 얼마나 큰 축복이겠습니까.

그러한 마음들을 꾸미기보단 사실대로 묘사하려 노력했습니다 .

감동으로 다가오는 글이 아닌 잔잔한 그리움으로 소박한 평생의 일기장으로 남기고 싶었습니다. 아픔을 사랑으로 보듬어 주고 싶었습니다. 모두가 가지고 싶은 희망을 손끝에 쥐고 있으니 세상의 모든 이와 손잡고 나누고 싶습니다.

시인은 외롭지 않았습니다. 시인은 행복합니다.

2016년 10월

황 재 현

1부 봄

2부 여름

3부 가을

4부 겨울

1부

봄

겨울의 창고에 들어가 그리움을 지니고 옹알이하다
매섭던 겨울을 겪은 사람의 기억이란
잔상의 한 조각
창고 속에 넣어둔 무뎌진 추위를 꺼내어

나무 바닥에 핀 들꽃 이야기

사람들이 밟고 지나는 어느 등산로에 깔린
나무 바닥 줄이 그어졌고 닳고 닳아 맨맨하다
나무 바닥, 집 거실처럼 박아 촘촘 세로 1m밖에 안 되는구나

어제도 오늘도 밟고 풍랑이 치고 얼고 뜨거웠던 바닥이
그 바닥 1mm도 안 된 틈 속에서 들꽃 얼굴 내밀다
봉오리는 노랗고 떡잎은 보이나 마나
끌리고 밟아도 어째 그 틈 속에서 자랐나

기다리라 늦은 밤
등산로 나무 바닥 10m 떨어져 밤이 오도록 기다린다
산삼이냐 도라지냐
나무 바닥 줄이 그어졌던 그 틈 속에서 자라난 너 작은 얼굴
몸뚱어리 봉오리를 살짝살짝 손끝으로 캐어

나무 바닥에 뛰어올라

산등성 너머에 아무도 없는 그곳에서 너를 옮겨 심누나
들꽃아 이제 편하게 이야기를 만들어 가거라
이제 햇살 가득 받으려 비집고 나온 들꽃아 부디 만개하여라

숨 쉬는 미소

소유할 수 있는
화려한 꽃으로
실눈을 떠봐도

고운 사람
예쁜 사람

그리움을 가슴에 담았더니 당신을 사랑합니다
언제고 내가 숨을 쉴 수 있어 당신을 사랑합니다
몸은 멀리 떨어져 있어도 당신을 사랑합니다
가끔은 투정 어린 질투라도 당신을 사랑합니다
내가 당신 앞에 사랑합니다
당신이 내 옆에 사랑합니다

봄의 창고

겨울의 창고에 들어가 그리움을 지니고 옹알이하다
매섭던 겨울을 겪은 사람의 기억이란
잔상의 한 조각
창고 속에 넣어둔 무뎌진 추위를 꺼내어

거미 실 가닥처럼 휘감는 기억의 언저리에 붙여
봄에 달랑달랑 매달려 녹아
초롱한 아지랑이의 씨앗을 바라고 있는 소년의 눈매와 같다
차곡차곡 쌓아만 두었던 이름과 제목들

봄을 기다리는 인내
잘라내고 다가갈 수 없던 조각난 시리움 속에
봄의 창고엔 나의 유년의 그 긴 시간을 움츠리며 기다리던
소년의 손과 같다

손이 시립다
봄이 그립다
봄의 창고다

봄의 창고를 나와 그리움을 지니고 달린다
봄의 창고를 벗어나 그리움을 달리는 새가 날린다

손이 시리웠다
봄이 그리웠다
봄의 창고였다

기다림으로 가는 길

꽃샘추위
칼바람에

온몸에 스며드는
그대 흔적 더듬어보며
살갗에 스치는
지친 그림자 하나

자꾸만 떠오른
그대 얼굴
봄이 오는 저 산
허리에 걸어보니

구름도
더디 가는 하늘엔
재촉하는 내 발길이
바쁘기만 하다

봄비 내리던 날

훈풍이 불어온 들에
수정처럼 아름다운
비 내리는 언덕

새싹이 움트고
푸른색의 사랑을 품은
봄 처녀는 설렌다

아직도 흔적이 있는
겨울의 잔상들은
눈이 녹아 흘러내린다

인연

동트기 전 새벽하늘의
흐르는 수만 가지 별빛에
너와 나 자리를 차지하고

폭풍 치는 파도를
험난한 세상을
인연의 끈 한 올 한 올 부여잡아
아침의 태양 아래 길을 찾고

재미없고 고달픈 내 삶이
가는 길이 험난해도

두 영혼이 함께할 수 있다면
보이지 않는 아픔마저도
느낄 수 있는 인연이길

미련

우리 맞잡았던 손
따뜻한 체온
되돌아본 발자국마다
많은 이야기가 가득한데

목이 타는 갈증은

촉촉이 내리는 봄비에
그리움은 더 허기져오니

임 찾아가고 싶은
덫에 걸린 다급한 발길을
재촉하며 길을 나서본다

너를 찾아서

여보

창경궁에 흐드러진 벚꽃이
통통하게 살이 올라 눈발처럼
그렇게 마구 쏟아지던 날
수북이 쌓인 하얀 꽃길을 걸으며
처음 당신의 손을 잡았고

향기 가득 꽃내음에
가슴속 푸르름 싱그러운 날
살며시 익어간 사랑

행여 그 인연 놓칠세라
마디 마디에 힘을 실어
우린 하나가 되었고
소중한 두 아들을 선물하며
내 어머니 아버지 수발에도
싫은 내색 없던 당신의 헌신에
평소 입안 언저리에 맴돌던
사랑한단 그 한마디를

사랑합니다

민들레 하얀 꽃

소망이 너와 재회의
그날이 오기를 바랐지만
이별이 동반해 올까

기다리는 날은 안타까워
목청 높여 애써 찾아봐도
너는 더 멀어지고

봄날 새싹이 움터
금방이라도 이루어질 듯
희망 하나 바라며

민들레 하얀 꽃 날리듯
내 손안에서 흩어져 버린
그해 너를 보낸 이야기

들꽃처럼

한줄기 이름 없이
바람에 흩날려 버려도
사랑 하나 바라보는
애달픈 꽃이여

보잘것없는
아주 작은 사랑이지만
가장 아름다운 향기를 지닌
사랑으로 남기를 바랍니다

화려하지 않아도
이름이 없이도
사랑이 빛나지 않아도

연가戀歌

사랑이란 이름표 하나
걸어놓고 가꿔온
나무 하나 심었습니다

알록달록 계절 따라
예쁜 옷 갈아 입혀가며
이야기 들려주었습니다

떨어져 있을 때도
언제나 기억하도록
내 마음 가득 담았습니다

그대와 함께하는 하늘 아래서
영혼의 속삭임으로
행복한 꽃피우겠습니다

기억 저편으로

묵은 책장에서 오래도록
먼지가 쌓인
빛바랜 기억들

멈춰버린 영상의
한 장면처럼

기억 저편의 행복을
가끔은 꺼내어 봐도
흐려져 있고

그리움이란 마음에
흐르는 강물 같은
눈물이기도 하지만

오늘도
불러본다
추억의 노래를

그리움이 병이라면

언제나 당신을 향한
내 그리움으로
하루하루를 보내지만

사랑하기에 더 많은 것을
알고 싶어지고 보고 싶어
그리움이 병이라면
나는 아파도 상관이 없습니다

끊임없이 부족한 것 같은
다급한 마음은 자꾸만
그대 모습이 멀어질까 두렵고

그리움이 노을이라면
내 정열을 다 태워서라도
마음껏 그리워하고 싶습니다

영산강 자전거길 느러지 고개에서

영산강 자전거 종주길
느러지 고개를 오르다
폐 속 깊숙한 곳에서 새어 나오는

가슴이 터질 듯한
거친 호흡이 등성이에 머물고

터질 듯한 허벅지 근육에
오만상을 찌푸리며 전망대에 올랐고

물안개 피어나는 강물 위에
구름이 하나 가득

허수아비처럼 양팔을 벌려
봉우리에 걸터앉은 구름을
더 크게 뻗어 내 품에 안았는데
가벼워진 내 몸에 깜짝 놀러 바라보니
어느새 구름이 나를 안고 있었다

*느러지 고개 : 늘어지 고개

너에게로 가기 위해

나에게 하나뿐인
너의
그림자라도 붙잡고
늘어지고 싶었다

밤을 지새워 애태운
숱한 많은 이야기를
다 담을 수가 없구나

부는 바람에 전깃줄이 흔들려도
금방 조각이 나 버릴 것 같은
내 가슴은 너무 메말랐구나

온갖 꽃들만 보고
녹음 짙은 우거진 숲에
만신창이 피멍이 들어도
모르고 헤맸구나

술잔에 마음을 담아봐도
무거운 바짓가랑이만
늘어질 뿐

봄비

봄을 재촉하는 비
겨울이 흘리는
눈물인 것 같아

땅속에서 꿈틀거리는
봄의 전령사가
기지개를 켜고

태동하는
봄의 소리가
대지를 마구 흔들어댄다

노을빛 그리움

그리운 마음에
바라보던 고갯마루

대지를 물들이는
홍안의 저녁노을에

기다림에 지친
서러움의 눈물로

삭여온 그리움은

자꾸만
자꾸만
무뎌져만 가고

별을 헤아리는 마을

주천강에 목축이던 구름이
치악산 등성이에 여장을 풀고
턱을 괴던 둥근 달은
야외 공연장 지붕 위로
자리를 잡아 뒹굴고

낮에는 강과 함께
밤에는 별과 함께
풀장의 넓은 품 안으로 뛰어든
온갖 별들은 파란 입술로
밤을 꼬박 새운다

녹색 건반 위
간드러진 물방울의 반주에
합창하는 새들이 어우러지니
세상에 찌든 육신 던져 버리고
오장육부 정화하여
나! 다시 태어나리라!

목련

매서운 꽃샘추위에
그 순결함은
긴 겨울을 지낸 인고의
몸부림으로

옥여 멘 두 손 사이
배시시 비집고 나온
순백 여인의 하얀 속살

임을 기다리는
서두른 마음에 이파리 두고 온
먼저 핀 목련
도도하여 숭고하여라

동희에게
–아내

동희야
찜통의 무더위에
네 곁을 떠나 왔는데
어느새 밤송이 물씬 커가는 가을이구나
이곳이 어디인지는 나도 모른다
그저 사방이 산으로 둘러싸여
아무것도 보이지 않기 때문이다

동희야
이곳은 민간인이 올 수 없는 곳이며
또 와서도 안 되는 그런 곳이란다
행여
날 만나러 올 생각은 꿈도 꾸지 말아다오
아마도 개나리꽃 필 때쯤에나
네 곁으로 갈 수 있을 것 같구나

동희야
그때까지 건강해라
이곳을 나가는 길은 오로지 휴가뿐이란다
내가 선택했고

내가 원해서 자원했기에
후회는 없구나 안녕.

*면회 외출외박이 금지된 지역

시인으로 살아가는 삶

글과 함께하는 길은
행복하고 아름다운 동행이다
아무리 배가 고프고
내 몸이 부서지도록
삶의 무게가 짓눌린대도

한 편의 시에
사랑과 행복이
고스란히 흔적으로 남는다

한 행에 담을 수 있는 삶
얼마나 넉넉하고 풍족함인가
시인으로 살아간다는 것
희망이요 축복이리니

생이 다하는 날까지
그리 살다 가려오

목련의 순정

봄날 물소리에 이끌려
담 너머 바라보다
뽀얀 목련 같은
누나의 가슴을 보고 말았다

내 작은 가슴에
방망이질하던
사춘기 소년의
커다란 설렘처럼

목련을 보노라면

누나의 하얀 피부처럼
환한 미소가 생각난다

아버지의 편지

아들아!
물가에 어린애 같은 줄 알았는데
어느새 대한의 아들로
거듭 태어났구나

너를 만나기 위해 갔었지만
네가 있는 곳은 면회도 외출도
외박도 안 되는 그런 곳이라더구나

말없이 흐르는
임진강 물만 바라보다가
무거운 발길을 돌려야 했단다

아들아!
모쪼록 건강하게
무사히 돌아오길 바랄 뿐이다

*gop근무시절 아버지의 편지 중

들꽃이 시집가는 날

칠성댐 둘레길
산막이 옛길을 걸었습니다

빨간 능금이 윙크하고
화사한 구절초가 유혹하는

푸른 물에 파란 하늘을
곱게도 물든 가을날에

모처럼 벗들과 함께
보낸 휴일이

소나기도 왔다가 달아나 버린
들꽃이 시집가는 날이었습니다

아버지
–사부곡

내 아버지가
머나먼 길 가시는 그 길에
동행하지 못한 죄스러움에
가슴으로 쓸어안았습니다

한 번쯤 뒤돌아보시지도 않으시고
잠시 손이라도 흔들어 주시지
이 자식 마음만 아려 옵니다

뼈만 앙상하게 남아 있어도
태산과 같은 든든한
울타리가 되어 주셨고

천리만리를 감싸 안아 주셨으니
때로는 기억하고 싶지 않은 일들도
이겨 나갈 수 있었던 것을

내 아버지의 품 안에
나이를 먹은 자식이라
가신 빈자리 그늘이 이렇게 큽니다

봄의 노래

손가락 걸며
약속이나 한 듯
한해도 어기지 않고
봄은 찾아왔는데

비가 내린 땅엔
더 굳어질 것이고
바람이 불어도
꽃은 피어난다

녹색 지대
새가 우는
봄은
약속을 어기지 않더라

사과

한입 베어 문
하얀 속살

입안 가득히
상큼한 향내가

온몸으로 퍼져
오감을 자극하니

아하!

새콤달콤 첫 사랑
바로
그 맛이어라

사랑하는 당신 앞에서

문득 오늘 아침에
아내의 얼굴을 바라보니
무표정한 얼굴에
우리가 얼마나 대화를 하고 살았는지
진솔한 이야기를 나눈 적이
옛일처럼 느껴옵니다

만약에 내가 시인이 된다면
아내만을 위한 글을 써보리라
반년의 세월이 흘러
언젠가 마음속에 간직했을 뿐
시인이 된 지금도
단 한 번도 써보려 하지 않았습니다

내 부모 한결같이 모셔주고
내 자식 어미로서
나의 옆을 묵묵히 지켜준 그 세월
사랑하는 당신을 위해
당신만을 위한 글을 써볼 거라고

봄의 길목에서

잠깐 눈을 돌린
시선이 머문
그곳에

앙증맞은 작은
야생화 꽃들이
소풍을 나왔나 보다

내 삶의 거친 현장
고달픈 인생길
한 모퉁이서

작은 미소 하나가
나를 붙잡는다

햇살 머무는 뜨락에 머물고 싶다

바람에 쓸려 출렁이는
물결 같은 세월 용암처럼 끓어오르던
청춘의 덫에 걸려 허우적대던 날들
인생은 그렇게 나이가 들고
성숙해 간다

돌아보지 않겠다던
나와의 굳은 약속
가끔 들려오는 바람 소리에
깜짝 놀라 돌아다보며
쓸어내리던 가슴

이젠 꽃향기 가득한
햇살이 머무는 뜨락에서
머물고 싶다

제비집

페인트로 그려놓은 처마에
제비 부부가 공사한다
아무리 접착력이 좋은 재료도
속수무책 무너지고 만다

송판을 대주고 유도했지만
거들떠보지도 않고
장소를 옮겨가며 짓다 무너지길 반복하다
부부가 싸우듯 언성을 높인다

어디선가 한 마리의 제비가 날아오더니
안전한 곳에 자릴 잡아주고
공사를 시작하더니 완공하고서야
어디론가 날아가 버린다

애태우던 제비 부부 둥지를 틀고
행여 놀랄세라 큰 소리도 못 내다가
장마가 끝나가는 어느 날에
새끼들이 보인다

서둘러 날갯짓하더니

제법 푸른 하늘을 날아다니다가
어느 늦가을날에 떠나 버린 제비 가족
올해도 돌아와 둥지를 틀고
알을 품고 있다

낙동강 종주

낙동강 종주 자전거 길은
물길 따라서 천 리
강바람에 기운을 얻고
쉼터에서 수분을 공급하며
허기진 배를 김밥으로 채운다

밤하늘의 별을 보며
남은 길을 물어도 보고
풀벌레 소리만 들리는
칠흑의 어둠 속을
라이트에 의지한 채 달리다 보면
저 먼 불빛이 왜 그리 반갑던지

마실 물마저 동나고
체력은 바닥난 지 오래
자전거를 끌고 갈 힘마저 없을 때
경쾌한 캔커피 터지는 소리
미지근한 커피가 목덜미 따라 흐르면
오랜 시간은 아니어도
힘을 주고 희망을 찾아 떠나게 해준다

저 멀리 낙동강 하굿둑이 보이고
빗방울이 헬멧을 때릴 때
물방울 반주의 흥겨움에
행진곡이 되어 종착역에 도착
함께해 준 자전거를 높이 들어
자축의 뒤풀이로 종주를 마친다

어머니 기일과 아내 생일

어둠이 채 가시지 않은
새벽에 어머니는 조용히 눈을 감으셨다
며느리의 생일 아침에 온 가족이 지켜보는 가운데
얼마나 평온하게 주무시는 듯 가셨는지
깨우면 일어나실 것만 같다

다시는 돌아올 수 없는 머나먼 여행을
아무런 욕심도 없이 빈손으로 가시고
허탈해하시는 아버지의 모습을 그날 이후론 본 적이 없다

어른을 모시고 살면서 아내의 생일을 챙길 수 없었다
우리만 살짝 나가 외식할 수도 없고
그저 미역국에 케이크 정도로 삼십여 년을 지내오다가

아버지마저 강을 건너시고 지금까지 챙겨주지 못했던
아내의 생일을 깜짝 이벤트로 감동을 주고 싶었다
평소에 꽃을 좋아하고 화초 가꾸는 일을 취미로 삼는
아내를 위해 노랑 장미 화분에 빨강 장미를 꽂아 포장하고
케이크와 샴페인을 준비하고 집에 들어오니 아내의 친구들이
식사를 하고 있었다

친구들 한번 초대해 내가 카드 내어줄게. 마음껏 먹어봐
하지만 아내는 그것이 아까운지 어머니 제상에 올렸던
음식을 친구들을 불러 처리하고 있었다

케이크에 초를 꼽고 점화하고
하모니카로 생일 축하곡 연주하니
이 화분 비쌀 텐데 말끝을 흐리면서
눈시울을 적신다

정작 남편의 사랑을 받지 못한 아내에게
미안한 마음으로
이 글을 바칩니다

2부

여름

상처의 흔적으로 남아
하늘 바다에 흐르는
조각난 구름을 베개 삼아
내 마음도 함께 머문다

차 한 잔이 그리운 날

그리움으로
애틋함으로

마음을 담아
정성을 담아
따뜻한 차 한 잔
끓였습니다

그리고 당신을 생각합니다

해운대에서

해변을 거닐어도
외로운 파도처럼

회색 하늘엔 갈매기 날아올라
망망대해의 저 끝으로
날갯짓 힘차고

바위 등을 후려치고
철썩이며 부서지는
잡을 수 없는 하얀 물거품

닻 내리고 휴식을 취하는
어선도 춤을 추니

산산이 부서지며
모래 사이로 쓸려가는
마음 하나 잡을 수가 없다

자전거

갈대마저 폭삭 삭아버린
무심천 자전거 길에

바람 불어와
갈 길 바쁜 나를 잡고
동그라미 두 개
앞에서 끌어주면 좋으련만

그저 방향만 잡아주니
뒤에서 밀다가 지친 동그라미
힘들어 주춤거리기라도 할 때면
프레임 전체가 요동을 친다

나 스스로 엔진이 되어야만
굴러가는 자전거
양발과 두 손 그리고 눈까지
내어주고 나서야 굴러가는
얄미운 자전거

세월은 나를

세월아

잠시 쉬어가자

길을 막았더니

세월은

막아선 나를 밀치고

내 손 잡고 걸어간다

하루

철쭉이 예쁘게 핀
넓은 마당에 길을 터 주었더니
호박하고 오이가
영토 분쟁을 시작했네요

마당에 푸릇한
생명력이 느껴지고
도라지 뒤에 있는
아욱도 키가 많이 자랐네요

사계절 그 집 장맛을
옥상 위의 장독대가 자리를 차지하고
안 사람의 부지런함에
하얀 빨래가 눈이 부신 하루가 저무네요

나를 울려버린 시집

어느 시인의
암 투병기를 엮은
시집을 읽다가

한 권의 책을
눈물로 다 적신 후에야
읽을 수 있었습니다

생명을 담보로
생사를 오고 간
삶의 실낱같은 애착

순간순간들을
그 시인의 마음에

함께하는 듯해서

삼복더위

오기로 가득한 불볕더위는
세상을 삶아 댄다

아궁이 가마솥의 감자를 삶듯이
지지고 볶아대는 열기에
지열은 아지랑이처럼 피어오른다

기세에 눌린 바람이
꼬랑지 내리고 그늘에 숨어
가면을 취하며 기회를 엿보고

한점 바람기가 없는 세상이
쇳물을 녹이듯 뜨겁다

홀로 떠나는 여행길에서

내 마음 깊은 골짜기
외로움이 찾아오면
길을 떠난다

빈 가슴의 창고에
사랑으로 채워줄
너를 찾아서
떠도는 바람처럼

상처의 흔적으로 남아
하늘 바다에 흐르는
조각난 구름을 베개 삼아
내 마음도 함께 머문다

자유

날 구속하고 있는
현실에서
벗어나고 싶다

무거운 짐들을
벗어 놓고
무조건 불태웠던

나의 욕망과
정열도
잠시 내려놓고
새가 되고 싶다

자유를 찾아서

한 조각 부표처럼

그리움은 파도를 넘어
내 마음 흔들어 깨우고
원색의 짙은 어둠 속에
자꾸만 멀어지려는
너의 미소가

입에서 토해낸 입김이
허공 속으로 사라지고
허기져 오는
아픔의 기억들

환청처럼 들려오는
무한공간을 떠도는 음성
내 인생 한 조각 부표처럼
출렁대는
세월을 넘어간다

저 하늘에

당신의 이름을 적고
당신의 사진 한 장을
걸어 두렵니다

하늘 아래 땅에서도
언제나 바라보며
불러볼 수 있도록
걸어 두었습니다

하지만 이제
하늘에 걸어 두었던
당신의 이름과 사진을
내려야 하나 봅니다

내 마음은 이미
저 하늘을 덮어 두었습니다

친구야 나를 보고 있는가

친구야
나를 보고 있는가
한세상 보듬어
흘린 눈물의 애환도
버거웠던 삶의 무게도

나는 말이야
다람쥐 쳇바퀴 돌리듯
다 굴려 버렸어

친구야
나를 보고 있는가
힘에 겨웠던 삶은
아름다운 풍경으로
울타리를 만들고
아직도 남아 있는 인생은 말이야

후회하지 않을
향기를 피워보자

그리움으로

세상이 돌아앉고
사람들이 나를 버려도
내 생애 다하는 날까지

눈을 감으면 멀겋게
다가오는 아름다운 날들이
버릴 수 없는 지난 일들입니다

뿌연 잿빛 하늘이
어둠에 묻혀 버렸어도
가슴에 멈춘 그대로 그렇게

잊고 싶은 기억들마저도

아름다운 사람

첫 새벽 동이 트는
설렘을 내게 준 사람
아침 이슬이 곱게도 내려앉은 날

청순한 마음이 한결같은
타고난 천성이 아름다워
고운 꽃으로 기억하고 싶습니다

있는 그대로의
진실한 마음에서
가슴엔 사랑이 한 아름이고

잠자는 영혼을 도닥거리는
긴 여울을 남길 바라며
아주 선한 순수한 숨결로
아름다움을 지닌 선물로 남길 바랍니다

아침을 열기 위해 나는 달립니다

수많은 흘린 땀에
구름 한 점 나를 따르고
바람은 고독을 깨어 버리고
보석보다 값지고 찬란한
아침을 맞으려 합니다

나의 끈기와 지혜로
손톱을 치켜세운
성이 난 파도를 넘고
이해와 용서로 외길 충돌 없이
한길을 가려 합니다

세상에서 가장 멋진
아침을 열기 위해
어제와 다름없는 날이지만
하늘빛이 고운 사랑이 있고
청량제 같은 삶의 희망을 안고
나는 달려갈 겁니다

대천 해변에서

지평선 너머 바라보다
시선 고정 어디쯤일까
발목을 간지럽히던
작은 물결 소리를 내며
무릎까지 세차게 때리던 날

노래하던 갈매기도
날개를 접고
태양 아래 빛나던 모래알은
파도에 쓸려갔다 돌아오면
대천 해변에 날이 저물고

때 이른 바닷가에
한낮의 아우성이 사라지고
나홀로 걸어보는 백사장에
오늘도 노래하는 바람의
부드러운 손을 잡는다

비상

퍼덕이는 새
아릿한 상처로
날개를 펴고
무한정의 꿈을 안고

소리 없는 아픈 흔적만
바람이 잦던 자리에
남겨지고
흩어져 있어도

목숨을 걸고
비상하는
날갯짓에
거친 바람 소리

온몸으로
가른다

삼선 궁에서

혼자가 되고 싶었다
떨어지는 낙수가
산천을 울리면

뽀얀 안개가 산허리 감싸고
한발 한발 머무는 곳에
감성이 묻어나는 곳

청학동 언덕 위에
내 마음을 두고
떠나왔구나

내가 너를
다시 찾는 날
숨겨 두었던 너를 꺼내

한 편의 시를 쓰고 싶다

아내의 퇴근길

저녁부터 비가 내립니다
맑은 하늘에 먹구름 몰려와
후드득후드득
세찬 빗줄기가
텃밭의 오이와 토마토를
마구 후려갈깁니다

아내가 돌아올 시간입니다
혹여 길이 어긋날까 봐
수없이 옥상을 오르내립니다
버스 정류장 쪽을 바라보며
하늘을 보니 비가 그칩니다

담배 한 개비를 물고
대문 앞에 서서 바라보는 골목길
반대편 대문이 열리면서
아내가 들어섭니다
마중 나갔더라면 어긋날 길이었습니다

흑성산 별곡

상정승 앞마당에 뻐꾸기 울면
상선편던 그 언덕에 진달래 피고
뜨겁던 태양 볕은 천렵 바위 아래
가재 잡고 송사리 잡아 매운탕 끓이면
불덩이마저 식어 버렸다
수저 한 숟가락에 하나 가득
삽질하듯이 입안에 채우고
땀방울이 옷을 적시면
흐르는 계곡 물을 고무신짝에 떠서
등에 뿌려주곤 했었지
눈이 내리고 추운 겨울이 오면
올가미 놓고 함정을 파서
어쩌다 눈먼 토끼라도 걸려들면
막걸리 한잔에 젊음을 담았고
토끼탕 안주에 꿈을 키웠지
언제라도 돌아가고픈 흑성산에
봄이 오고 계절이 바뀌어도 돌아온 세월만큼이나 힘들었고
그리움마저 퇴색해 가는
중년의 꽃은 아직도 피어 있다

*상진이라는 정승이 살던 집터를 상선편던이라 합니다

3부

가을

가슴을
스치는 바람으로
포기해버린
세월을 걷다 보니
희어진 반백의 세월

횡성 야곡

방랑자 깊은 가슴에
설레는 인연으로
일탈을 꿈꾸듯
춘풍에 돛을 달고서

탈을 벗어 던진 자아들이
허파를 부풀리어도
타오르는 불꽃으로
애증을 태워 내밀었고

사무친 연정으로
마음 내밀어
보듬어 안아 주었던

그리운 임을 찾아

횡성의 산기슭 고개 너머에
혜성처럼 긴 꼬리를 잡고
늘어선 별자리에 길을 묻는다

중년의 추서

못다 한 꿈에
이루지 못한 사랑에
비가 내릴 듯한
어두운 밤은
가을의 문지방을 닫고
가슴을
스치는 바람으로
포기해버린
세월을 걷다 보니
희어진 반백의 세월

지나온 시간
많은 날 속에서
고비마다 놓친 세월

늦출 수도 잡을 수도
내 마음대로
멈출 수 없었어도
돌아본 순간은
아름다운
반백의 훈장이었다

진천 농교

나 이제 가노라
진천의 농 다리로
서낭당에 돌 올려놓고

초평천을 바라보며
둘레길 강물 따라서
바라보고 달려가다

천 년의 숨결이
오늘도 임 장군의 비지땀은
농 다리를 흘러가고

한 여인의 슬픈 사연
전설 되어 흘러간다

꿈을 싣고 달린다

오늘도 내일도
새벽을 열고
바람처럼 달리는 인생

인천대교 바다 건너
삶의 현장 그곳엔
총성 없는 전시의 세상

생존의 법칙을 깨지 않고
순리를 지키며
가고 또 가야만 한다

봇짐 하나에
아이처럼 희망을 걸고
나의 꿈을 찾을 때까지
달리고 또 달려갈 것이다

너와 함께

하늘에 떠다니는
내 마음은
왠지 가슴이 저리지만

구름을 앞세우고
바람을 따르고
새들을 벗을 삼아

잠시 길을 잃어
헤맬지라도

너와 내가
함께할 수 있다면
어느 곳이든 가고 싶다

남자의 자격

양친 부모님 모신 것은
내가 아니고
아내였습니다

가정이라는 울타리 지키려는
일하는 기계 같은
가장이었습니다

한 세월 뒤돌아보니
형제도 벗도
모두 제자리였으나

어디에도 없었던
남자의 자격으로
나를 찾고 싶습니다

나를 잃어버린
백발의 그림자 하나가
길을 찾아 헤매고 있습니다

까치집

가슴이 답답할 때
하늘을 향해
심호흡을 하다 보니

저기 높은 곳에 까치집이
외딴집도 아슬아슬하게
비바람을 견디며
버티고 서 있다

너를 바라보며
안타까운 마음인 것은
내 모습이 너보다도
작아져 있기 때문일 거야

제비꽃

이슬 머금은 아침에
내 발걸음 재촉할 때

등 뒤에서
나를 부르는 듯하여
돌아보니 작은 돌 틈 사이
수줍게 나를 바라본다

보라색 자태가 아주 고와
조용히 앉아 눈맞춤하니
살포시 웃어주는 너를
언제라도 기억하고 싶어진다

인생은 바람이어라

한줄기 몰아 부는
바람이라면
지나가기만 기다려 볼 것이고

예고 없는
소낙비라면
비설거지라도 해보련만

가도 가도
끝이 없는 길이라도
인고의 시간이 지나면

끝이 보이고
안주할 수 있는 희망의
그 길이 있을 것이다

소나무

푸름에 지칠만도 하건만
사계절을 타협하지 않고
언제나 그 자리에서

변함없이 독야청청獨也青青
사나이 굳은 마음
굳건히도 버티며

비바람 불어도
의지를 보여 주고
자신을 한결같이 지켜내고

밤이면 가지마다 달빛을 켜도
못 다 부른 노래는
한이 되어 두꺼운 송진으로

그렇게 토해 내나 보다

아버지의 지게

눈 감으면
저 멀리서

지게를 지고
오시던 아버지

마중 나가 받아지던
날들이 생각나는

정겨운 풍경 안에서
반백인 아들인 내가

그 지게를 지고
지금 그 길을 가고 있다

그리움이 쌓여만가도

엉켜버린 실타래 같은
휘감겨오는 내 마음 한쪽에
그리움을 허물 수 없어
차곡차곡 쌓아만 두고

잘라낼 수 없는 너를
더 가까이 다가갈 수 없어
먼 거리에 지켜만 보다
날고만 싶은 새가 되기도

헝클어진 내 머릿결처럼
별빛이 흐르는 창가는
오만가지 수를 놓기도

새벽녘 차가운 바람에
너를 향한 진한 그리움으로
쓰린 빈 가슴 여며 본다

첫사랑

얼굴에 여드름이
멍게 같던 날에
소리 없이 찾아온 사랑
지새우며 지웠다가 다시 쓴
사랑의 편지는
아궁이에 한 줌의 재가 되었고

문풍지 사이에 작은 유리로
언제나 그녀가 나오길 기다리다
고추 따러 가는 날엔
아무 말 없이 지게를 지고
쇠꼴을 베러 갔다

그녀가 따주는 사랑을
소쿠리에 담고
주체할 수 없었던 파란 꿈을
그녀 가슴에다 건네주던
유년시절 풋풋한 첫사랑 이야기

아름다운 시절

학교 가는 것이 즐거운 방학
육상부 단축 마라톤 선수로

어쩌다 운 좋은 날에
핸드볼 골키퍼인 그녀를
자전거 뒤에다 태운
콧노래가 싱그러웠던 날

단거리 선수가 아닌 나는
트랙을 돌지 않고

핸드볼 경기장을 지날 때는
꿈을 한 아름 안고도
하늘 높이 나른다

무심천 연가

임아!
북풍北風의 하얀 바람 불어오던 날
내 그리워 밤새워 몰래 흘린 눈물이
온 세상 하얗게 흔적만 남겼구나

은색의 설국雪國에 흐르는
무심천 변 물안개 피어나고
내 그리운 마음을 아는지

임아!
보고 싶다
출렁이는 세월 저만치 가기 전에
둑에 걸친 초막 하나 마련하고
양지 뜨락 등마루에서
지나가는 바람에
뜬구름은 멀어져 가도

임아!
그대와 마주 앉아
저 하늘을
바라보고 싶구나

스쳐가는 인연들

잠시 스쳐 가는 인연이라면
지나가는 구름과 같아
하루
또 하루가 지나면
기억 속에 웅크린 마음
서서히 잠들어 간다

아름다운 꽃이라도 '
영원이란 믿음으로
관심을 받고 싶다
노래를 해 보지만
달려가는 바람에
실려 가는 사랑인 것을

누구나 그릴 수 있는
설렘이란 밑그림을
완성이 되기도 전에
상처로 얼룩지는
슬픈 기억들이
하나둘
내 곁을 떠나가고 있구나

정월 대보름

온갖 정성을 다하여서
시루떡을 안쳤더니

담을 넘는 놈들
시루째 떼어 갔고

어디서 찾아오나
땅을 치던 어머니

보름날 쥐불놀이에
온 동네를 밝힐 적에

믿었던 아들놈도
거사에 공범이었단다

야생화

바람이 불어
내 몸에 비를 맞아도
가슴을 졸이며
기다렸는데

나를 좋아하는 것도 모르고
초라한 모습으로
너를 바라만 보았구나

모진 겨울을 견디고
긴 기다림에
환한 미소는
너무 짧게 보여주고
그렇게 떠나 버리는 것을

갈림길

노을이 길게도
꼬리를 잡는
피목골 갈림길 꼭짓점에

임을 찾아가는 길
애달픈 마음을 두고

나그네의 길 떠나는
고달픈 내 넋두리 한 가닥을
구름에 실려 보내고

방황하는 세월 속에
두 갈림길에 떨구고
고뇌에 가득한 마음만 두고 간다

성묘길에

하늘 아래
외진 산골 깊은 곳에
산토끼 뛰놀다 쉬어 가는 곳

아무도 찾지 않는
바람도 헐떡이며
주저앉아 잠들다 가는 곳

나를 반겨 주시려나
바라보는 내 모습
처량하고 씁쓸하고

무상한 세월
나지막이 불러 보니

휘– 바람만 불고
봉분의 잔디만 떨고 있다

양지바른 작은 언덕에
어머니 아버지

고백

엉겨 붙은 가시덤불 속에
설익은 파란 열매
녹음에 숨어 낮잠을 잔다

낱알 한 송이
두 손으로 가득 따서
정성스레 실에 꿰었다

동그라미 큰 거 하나
열매 엮은 작은 원형
망개 열매 목걸이와 팔가락지
눈빛 하나로
그녀의 목과 팔목에 걸어 주었고

흔하고 보잘것없는
망개 열매의 목걸이
가시에 할퀸 상처뿐

아무 말 없이 받아준 나의 사랑
삼십 년이 지난 지금도 여전히
내 곁을 지켜주는 아내였다

무주구천동 계곡에서

산세 좋고 물 좋은
무주구천동 계곡
숨이 턱까지 오른 더위를
비웃기라도 하듯

이끼 낀 돌을 따라
흐르는 시원한 물줄기는
더 넓은 세상으로 나가기 위해
힘찬 발돋움을 시작하고 있다

흐르는 영롱한 물속에
내 영혼을 담그고
도시의 찌든 때

다 씻어 흘려보낸다

내 모든 구속에서 벗어나
자연과 하나 되어 숨을 쉬며
염원의 가슴을 활짝 피우고
나는 이곳의 신선이 되고 싶다

가을 여행

그대의 손을 마주 잡고
걸어오다가
뒤를 돌아보았습니다

걸어온 발자국마다
사연은 봇물 터지듯
넘쳐난다지만

사랑의 목마름에
갈증으로

내리는 가을비가
그 사연들마저
모두 쓸어가 버렸습니다

이 가을에
가을비를 맞으며
무작정 길을 떠나고 싶었습니다

고향의 향기

성주 모퉁이 살짝 돌아
목이 장 언덕 위에 해 오르면

뽀얀 연기가 굴뚝에서
구름처럼 피어날 때

마을의 시작을 알리고
물지게 지신 어머니들

눈곱 떼고 덜렁덜렁
물 길어 우물가로 나오신다

*목이 장 : 목천현에서 사용하는 말을 방목하던 농장 터

볼라벤의 흔적

15호 태풍 볼라벤이
할퀴고 간 흔적은
울창한 숲 속에
거목이 쓰러져 누워 있습니다

제대로 수확하지 못한 과일은
주인을 잃어버리고
맞서지 못하는 태풍은
농부의 가슴까지 휩쓸었습니다

태풍 볼라벤의 위력은
하늘길이 막히고 바닷길이 막혔고
땅 위에 모든 길은
8월의 어귀에서
도시를 파괴했습니다

어부의 피 같은 한숨도
농부의 가슴을 치는 눈물도
세월 속에 묻어버립니다

가을인 걸 알았다

고추잠자리 날갯짓이
눈이 시리도록 부신
창공을 가로지를 때

가을 하늘엔 구름 솜을 가득 품고
금빛의 들녘을 보고서야
가을인 걸 알았다

아침의 옷매무새 허술한 채
밖에 나가니 썰렁한 새벽 공기가
마구 파고들어 온다

나는 그렇게 황혼을 향해
또 한 번의 가을을 맞이하고
받는 이가 없어도

붉은 엽서 한 장을 띄우고 싶다

세월

바라볼 수 없었고
담을 수 없는 사랑이라며
피어오른 연기처럼

더워진 심장에 흐르는
붉은 물이
속도를 내지 않았을 것을

손안에 들어와도
흔적없이 사라지는
아지랑이 같은 것을

잡을 수 없기에
이젠 놓아 버리겠다며
손을 터는 내 마음

아름다운 동행

내 가는 길이
고독이었다면
그대 나와 함께
걸어가는 벗이 되어주오

혼자만의 생각이 아닌
당신의 마음이길
손잡고 가는 길이
멀고도 험할지라도
그 길을 가려합니다

멈출 수 없는
기나긴 인생 여정에
함께하는 마음이
아름다운 동행으로
피어나게 하소서

숲 속 이야기

옷을 벗어버린 숲은 잠들지 않는다
생명의 숨소리 계곡을 따라
쉼 없이 들려온다

하얀 눈 속에 실눈을 뜨는
살아가는 생명의 소리 그곳에서 나는 보았다

아무렇게나 내 버려진
얽히고설킨 거대한 몸뚱어리
그들을 수습하러 나는 이곳에 들어왔다

가지를 잘라내고 적당한 크기로 수습을 할 때면
춤을 추는 기계톱 무거운 몸통에 짓눌린 지게를 지고
힘차게 내리치는 도끼 차곡차곡 쌓인 장작
입을 크게 벌린 화목 보일러
빨간 불꽃으로 다시 살아난다

인천공항 화물 청사에서

여기에 머무는 시간
전쟁이요 기쁨이며 희망과 행복
좌절도 교차한다

내 마음에 안정을 주고
새로운 정보를 얻으며
계획을 세울 수도 있고

허허로운 벌판에 드문드문 건물마다
큰 입을 벌린 채 보따리를 삼키고
내뱉기도 한다

나는 이곳을 사랑한다
마음의 여유를 주고
희망을 언제나 품을 수 있고
내 살아서 움직일 수 있다면

나의 생을 이곳에서 마감하고 싶다

보름달 바라보다

한 쌍의 토끼가 방아를 찧는
고향의 밤하늘은
둥글기만 하다

유난히도 착하게 보이는
임 같은 착한 보름달 안에
그려지는 그리움 하나

그리운 이야기를
두리뭉실 엮어서
만들어 내는 별들 속에서

바라보다
바라만 보다
날 새는지 모른다

가을이었다

창문을 밤새
누가 두드렸나
아침에 나가보니
들판을 노랗게 물들이고

고개 숙인 벼 이삭이
이슬에 세수한다
가을이었다

푸르던 바람
자리를 비운 사이
누가 옷을 갈아 입힐까

산에 올라가 보니
붉은 바람이
밤새워 채색한다

가을이었다

까치

누구를 기다리기에
작은 바람에도 춤을 추는
높은 가지에서
아침마다 노래를 하나

네가 울면
손님이 온다던 말도
반가움에 기다리던
너의 노래

노래하던 까치가
퍼드덕 날갯짓은
분 화장 곱게 하고

짝을 찾는 몸짓으로

여백

하얀 도화지에
삶의 이야기를 그리다
끝내 채우지 못한 여백을
무엇으로 채울 것인가

남은 여백이 많다는 것은
나의 꿈이 많은 거라고
아직도 세상에는
내 할 일이 남은 거라며

채우려 하기보다
채워 가기 위해
남겨두려 합니다

천지
–진돗개

나에게 오던 날
첫사랑 여인을 만나듯
가슴이 설레었고
희소성의 재구라서
한 컷 부풀어 있었다

덩치에 어울리지 않는
애교에 웃었고
자동차 소리를 알아보고
반색하는 영민함에
푹 빠졌다

교감으로 이루어지는 대화
너는 한 번도 싫은 내색 없이
한번 주인이면 평생 주인인 것을

말로는 신의를 따져도
비열한 사람도 있건만
저버릴 줄 모르는
충성심의 진도야 너를 사랑했었다

국화차 시음장에서

가을 향기 짙으니
한잔의 찻잔에 배어나고
옥색 저고리의 한 여인
그 미소에 취하다가

가을은 또 그렇게
등성이를 넘어서
만추의 국화를 낳았고

김이 나는 한잔의 그리움
추억이 돌아오는 정거장에
국화꽃 피는 날에
돌아오실 내 임

먼 하늘 바라만 보다가
마음 담은 꽃잎
사랑으로 우려낸다

4부

겨울

어둠뿐인 하늘 바다에
꽃별이 반짝이고
외로움에 지친 둥근 달이
서둘러 달려 나온다

희망을 찾아서

이정표도 없고
인적도 없는 밤길
달도 별도 숨어 버리면
암담한 길을 감각으로 찾아간다

온밤을 꼬박 새워 도착한 곳에
넘을 수도 돌아갈 수도 없는
막다른 길이라면
암담할 수밖에 없습니다

벽을 밀어도 보고
두들겨도 보지만
포기할 수밖에 없는데
돌아가기엔 너무 멀기만 합니다

목적지는 정반대이고
이미 도착한 사람들은
자축을 하고 있건만
끝내 그 길을 가야만 합니다

돌아가는 길은 멀기만 하고

바다난 체력에 무거운 발걸음
포기할 수 없는 기나긴 삶의 여정
그래도 가야만 하나 봅니다

나의 마음

마음이 태양이었다가
구름도 되고
바람이 되기도 하지만

만개한 벚꽃보다
길가의 야생화처럼
언제나 소박하게 살고 싶은
내 마음이랍니다

사랑하는 마음에서
향기 하나만은
영원한 그리움으로 남기를
소망합니다

방축골 이야기

흑성산 먼 산 그늘이
짙어 오는 저녁나절에
긴 그림자 방축골 언덕에 머문다

어둠뿐인 하늘 바다에
꽃별이 반짝이고
외로움에 지친 둥근 달이
서둘러 달려 나온다

바람 소리 부딪히는 나뭇가지에
하나둘 친구들이 모여들어
밤을 새워 이야기꽃을 피우다가
장재울에 기운 달이
송말로 넘어가고 나서야
각자의 집으로 돌아가던 곳

오늘도
방축골은 기다림에
뜬눈으로 밤을 새운다

*장재울 : 고개 넘어 작은 양지

자원봉사하는 여인

마음에 흐르는
강물을 따라
달이 뜨는 언덕에 마을이 있고
소외당하는 사람들 앞에
천사가 서 있습니다

말없이 흐르는 물에
혼탁한 마음을 씻고
세상의 버림받은 아이들의
엄마가 되어주고
딸이 되어 주기도 합니다

웃음 번진 얼굴에 화색이 돌고
희망을 주고 꿈을 주는 여인
자원봉사자입니다

겨울 준비

나무를 해왔습니다
굵은 나무 작은 나무도 많고
지게로 날라서 차로 옮겨
집에 도착했습니다

많은 장작을 집안으로 들이고
크게 작게 재단도 하고
도끼로 패 쌓아 놓고 보니
올겨울이 따뜻할 것만 같아
마음이 벌써 뿌듯해집니다

하루의 수확을 눈앞에 두고
오늘은 누구도
부럽지 않은 부자입니다

나무하는 시인

시인은 낭만을 찾아
예쁜 시를 쓰고
사계절 푸른 꿈만 꾸면 좋으련만

하늘 높은지 모르고
치솟는 물가는 따라잡을 수 없는
현시대를 살고 있으니

버거운 삶 속에
연료비를 절약하려
바꾼 보일러는 장작을 먹어대니

지게를 지고 도끼를 들고
시인은
나무를 한다

시를 쓰고 낭만을 찾는다며
핑계 대면서

하얀 그리움

밤사이에 내린
하얀 눈은
내 그리워하는
마음을 덮으려고

두꺼운 솜이불로
차곡차곡 깔아놓고
따듯한 마음을 품고

통한痛恨의 심정을
잠재우고 싶었나 보다

아버지 어머니

편안하셨는지요
매서운 바람이 부는
세성산 깊은 계곡에
눈마저 내리는군요

이렇게 목이 메는 것은
아직도 당신 앞에 철부지인 것만 같아요

한 무리 거느리시고 성묘 인솔하셨는데
지금은 그 자리를 대신하며
애들 앞에서 눈물 보일 수 없어

목까지 치밀어온 그 무언가를
삼켜야만 하옵니다

문득 당신이 그리울 때
홀로 눈물 흘리는 못난 자식인지라
혼자 있는 시간이
자꾸만 자꾸만
무서워집니다

겨울 바다

젊은 날들을
파도처럼 묻혀
세월 따라 쓸려간다는 것을

무엇을 하든
천하가 다 내 것이라
자만과 오기도
한때의 젊은 꿈이었다고

정월의 거센 바닷바람에
나의 청춘이 달려드니
파도처럼 바람의 진리로
갈매기가 잠을 재우더라

화목 보일러

장작더미 연소로에 쌓이고
불쏘시개 헌 신문지에
작은 불꽃 점화되면
매콤한 연기에 눈물 흘리다

꺼져가던 불꽃은
타닥타닥 소리와 함께
나를 삼킬 듯 거칠어지면
서둘러 화구 문을 닫는다

빨간 불꽃에 취해
바라보는 눈이 시원해지면
혹한을 녹이는 온기

문득

가슴에 피어나는 그리움도
모두 불꽃 속에 머물다 사라진다

상당산성 별곡

볼을 스치는 바람에
이가 부딪히도록
그렇게 겨울바람이
유난히 시린 청주의 밤

잔뜩 찌푸린 하늘엔
별들도 추워서
일찌감치 아랫목
이불 속에 숨어들고

어둠이 내려와
세상을 점령하고
고라니 형제마저
숲으로 숨어버린

산성마을 저수지엔
썰매 타던 동심마저
어둠 속에 잠이 들었다

하늘에 띄운 편지
–장인 어르신께

엄동설한에 편안하신지요
봄날 물오른 새싹들이 싱그러움을 더해가던 날에
찾아뵈었는데 벌써 해가 바뀌고
온 세상 하얗게 대지를 덮었습니다

생활하시는 데 불편함은 없으신지요
필요한 것은 있으신지요
평소에 좋아하시던 따끈한 정종 준비해서
오늘 찾아뵐게요

역전에서 절 기다리시던 생전의 아버님 모습
그리도 사위 사랑이 크셨는데
한마디 말씀도 없이 고향 뒷산 작은 언덕으로 가실 적에
슬퍼할 여유도 없었답니다

이제 준비하겠습니다
당신을 뵈러 가는 길 아내는 벌써 설레는가 봅니다
외딸이라 귀여움 독차지했기에
크셨던 사위 사랑이 오늘은 더욱 그립습니다

날이 춥습니다 안에서 기다리시면
잠시 뒤에 찾아뵐게요

*장인어른 산소 가던 날

사랑으로 울려 퍼지는 詩의 향연
–황재현의 시세계

박효석(시인, 월간시사문단 회장)

황재현 시인의 시세계는 한마디로 연가(戀歌)다. 그의 시는 봄의 창고이며 그 창고에는 사랑으로 가득 차 있다. 그러기에 그는 나무 바닥에서도 들꽃이 피어나는 사랑을 노래할 수 있는 것이다.

나무 바닥과 같은 현실— 그 현실은 답답하기 그지없고 때로는 숨 한번 크게 내쉴 수 없는 무미건조하기 짝이 없는 현실이지만 그는 좌절하지 않고 그 현실 속에서도 들꽃을 피워내고 있기에 그의 사랑의 노래는 멈출 줄을 모르는 것이다.

그가 만나는 모든 대상, 환경은 모두 그의 시적 사유가 되고 사랑의 노래가 되기에 그의 시는 잔잔한 감동을 울림 할 뿐 아니라 마음을 따뜻하게 해주고 있는 것이다.

요즘 항간에서는 난해한 요설 같은 것을 현대시라고 하지 않는가 하면 서양 이론만 좇는 새것 콤플렉스에 빠져 상징의 과잉에 빠진 시를 좋은 시로 착각하는 경향이 있는데 황재현 시인의 시는 여기에서 벗어나 혼돈의 현실을 사랑이라는 메타포어로 질서를 부여하고 있기에 그의 시가 우리 가슴을 따뜻하게 촉촉이 적셔주고 있다고 할 것이다.

사람들이 밟고 지나는 어느 등산로에 깔린
나무 바닥 줄이 그어졌고 닳고 닳아 맨맨하다
나무 바닥, 집 거실처럼 박아 촘촘 세로 1m밖에 안 되는구나

어제도 오늘도 밟고 풍랑이 치고 얼고 뜨거웠던 바닥이
그 바닥 1mm도 안 된 틈 속에서 들꽃 얼굴 내밀다
봉오리는 노랗고 떡잎은 보이나 마나
끌리고 밟아도 어째 그 틈 속에서 자랐나

기다리라 늦은 밤
등산로 나무 바닥 10m 떨어져 밤이 오도록 기다린다
산삼이냐 도라지냐
나무 바닥 줄이 그어졌던 그 틈 속에서 자라난 너 작은 얼굴
몸뚱어리 봉오리를 살짝살짝 손끝으로 캐어

나무 바닥에 뛰어올라

산등성 너머에 아무도 없는 그곳에서 너를 옮겨 심누나
들꽃아 이제 편하게 이야기를 만들어 가거라
이제 햇살 가득 받으려 비집고 나온 들꽃아 부디 만개하여라

—「나무 바닥에 핀 들꽃 이야기」 전문

이 시집의 제목이 「나무 바닥에 핀 들꽃 이야기」처럼 이 시는 이번 시집의 대표작이라고도 할 수 있다. 세상이 아무리 밟고 다닌다 할지라도 들꽃을 피워내겠다는 그의 지고지순한 사랑이 맑은 호수의 물결처럼 다가와 감동의 운율로 노래하고 있음을 음미하게 되는데 비록 들꽃은 온실에 피어 있는 꽃들보단 보기엔 아주 작고 보잘것없어 보이지만 그윽하고 은은한 향기야말로 맑은 종소리를 울리는 영혼처럼 이 세상에서 가장 순수한 향내를 잔잔하게 전해주고 있는 것이 들꽃이라고 할 때 그의 들꽃 같은 사랑은 그의 아내를 비롯 그가 만나는 모든 대상이나 사물에 한결같이 적용되고 있음을 우린 그의 이번 시집을 읽으면서 공감할 수 있을 것이다.

어제도 오늘도 밟고 풍랑이 치고 얼고 뜨거웠던 1mm도 안 되는 바닥 그 틈 속에서 얼굴 내민 들꽃처럼 그의 사랑은 어떠한 환경 속에서도 꽃을 피울 것이고 그가 창조적 은유로 시를 창작하는 데 있어서 원동력이 될 것이다.

나무 바닥에 핀 들꽃을 산등성 너머 아무도 없는 곳에 옮겨 심어 편하게 이야기를 만들어가고 부디 만개하기를 간절히 바라는 그를 보면서 어쩌면 그 자신의 이야기를 들꽃을 통해 이야기하고 있지 않나 하는 생각이 들었다.

그가 이제 이번 시집을 통하여 힘든 나날 속에서도 시의 꽃을 피웠기에 앞으로는 무궁무진하게 시를 창작하는 데 힘을 쏟을 것이고 그 결과 그의 시가 만개하리라 믿어 의심치 않는다.

겨울의 창고에 들어가 그리움을 지니고 옹알이하다
매섭던 겨울을 겪은 사람의 기억이란
잔상의 한 조각
창고 속에 넣어둔 무뎌진 추위를 꺼내어

거미 실 가닥처럼 휘감는 기억의 언저리에 붙여
봄에 달랑달랑 매달려 녹아
초롱한 아지랑이의 씨앗을 바라고 있는 소년의 눈매와 같다
차곡차곡 쌓아만 두었던 시렵던 이름과 제목들

봄을 기다리는 인내
잘라내고 다가갈 수 없던 조각난 시리움 속에
봄의 창고엔 나의 유년의 그 긴 시간을 움츠리며 기다리던
소년의 손과 같다

손이 시립다
봄이 그립다
봄의 창고다

봄의 창고를 나와 그리움을 지니고 달린다
봄의 창고를 벗어나 그리움을 달리는 새가 날린다
손이 시리웠다
봄이 그리웠다
봄의 창고였다

–「봄의 창고」 전문

시 「봄의 창고」를 읽으면 살아오면서 겪었던 역경의 세월을 생각하게 한다. 겨울과 같이 춥고 배고팠던 그 역경의 세월을 견딜 수 있었던 것은 봄이 올 것이라는 꿈이 있었기에 버텨낼 수 있지 않았겠는가.

겨울에는 모든 것이 죽은 듯이 숨죽이고 있다가도 봄이 오기 무섭게 만물이 소생하니 어쩌면 봄을 봄답게 하는 것도 겨울이 있기 때문이라면 황재현 시인의 시가 봄을 맞이할 수 있게 된 것도 어쩌면 겨울이라는 시련 속에서 포기하지 않고 창작의 길을 꾸준히 걸어왔기 때문이

라는 생각을 하지 않을 수 없었다. 그렇기에 더욱더 그의 시가 공감과 감동을 불러일으키지 않나 생각된다.

긴 겨울 같은 시련의 터널을 지나 아지랑이의 씨앗을 바라고 있는 소년의 눈매와 같이 순수하기 그지없는 그의 마음이 봄처럼 다가오기에 새가 되어 날아가는 그의 그리움을 자연스럽게 따라갈 수 있는 것이다.

문득 오늘 아침에
아내의 얼굴을 바라보니
무표정한 얼굴에
우리가 얼마나 대화를 하고 살았는지
진솔한 이야기를 나눈 적이
옛일처럼 느껴옵니다

만약에 내가 시인이 된다면
아내만을 위한 글을 써보리라
반년의 세월이 흘러
언젠가 마음속에 간직했을 뿐
시인이 된 지금도
단 한 번도 써보려 하지 않았습니다

내 부모 한결같이 모셔주고
내 자식 어미로서
나의 옆을 묵묵히 지켜준 그 세월
사랑하는 당신을 위해
당신만을 위한 글을 써볼 거라고

–「사랑하는 당신 앞에서」 전문

시 「사랑하는 당신 앞에서」는 꾸밈없는 그의 진솔함이 잘 드러나 있다.

비유나 상징 없이 편하게 서술적으로 그의 마음을 담백하고 솔직하게 이야기함으로써 오히려 더 감동을 받게 한다.

사랑은 얼마만큼 솔직하게 표현하느냐에 따라서 상대방의 마음을 움직일 수 있다고 본다.

시부모를 한결같이 모셔주고 자식을 낳아 키워주고 지금까지 묵묵히 남편의 곁을 지켜준 아내를 위해 아내만을 위한 글을 쓸 것이라는 그의 고백이 감동으로 다가오는 것이다. 어머니 기일과 아내의 생일이 같은 날이라 제대로 아내의 생일도 챙겨주지 못한 그이기에 어쩌면 그는 아내에게 있어서 죄인인지도 모른다. 그렇기에 그가 아내에게 사면받을 수 있는 길은 오로지 아내를 위한 글을 쓰는 것만이 죄책감에서 벗어날 수 있다고 생각했을 것이다.

30년이 지난 지금도 여전히 그의 곁을 지켜주는 아내가 있기에 아름다운 동행으로 피어나길 그는 꿈꾸고 있는 것이다.

글과 함께하는 길은
행복하고 아름다운 동행이다
아무리 배가 고프고
내 몸이 부서지도록
삶의 무게가 짓눌린대도

한 편의 시에
사랑과 행복이
고스란히 흔적으로 남는다

한 행에 담을 수 있는 삶
얼마나 넉넉하고 풍족함인가

시인으로 살아간다는 것
희망이요 축복이리니

생이 다하는 날까지
그리 살다 가려오

―「시인으로 살아가는 삶」 전문

그가 이제 반백의 세월을 살았다. 고비마다 세월을 놓친 적도 많았지만 뒤돌아보니 그래도 아름다운 반백의 훈장이라는 그의 말처럼 그의 이번 시집을 보면서 감동과 공감으로 내내 가슴이 뭉클하였다.

특히나 소박한 그의 사랑의 노래는 두고두고 귓가를 맴도는 것이었다. 때로는 그리움이 노을이라면 내 정열을 다 태워서라도 마음껏 그리워하고 싶다는 그의 열정을 보면서 그의 시가 곧 만개하겠구나 하는 생각을 다시 한 번 하게 되었다.

아무리 배가 고프고 삶의 무게가 짓눌린다 해도 시인으로 살아가는 길이 행복하다는 그를 보면서 그는 천성적으로 타고난 시인이 아닌가 하는 생각이 들었다. 시인으로 살아간다는 것이 희망이요, 축복이기에 생이 다하는 날까지 시인으로 살다 가겠다는 그의 지고지순한 사랑의 노래가 이번 시집을 통하여 세상에 널리 물결쳤으면 하는 바람이다.

지금까지 황재현 시집 『나무 바닥에 핀 들꽃 이야기』에 상재된 작품 중에서 중요 작품들을 두루 살펴보았다.

황재현 시인의 시들은 평범한 일상을 사랑의 노래로 승화시킴으로써 물량주의에 빠진 현대인들에게 다시 자신을 뒤돌아보게 하는 청량제가 아닌가 생각되었다.

봄비와 같이 가슴을 촉촉이 적셔주는 생명수 같기도 하고 가을비 같이 그동안 잊고 있었던 그리운 사람들에게 가을 엽서를 써내려가는 것 같은 사랑을 생각하게 하는 사랑의 창고라는 생각이 들었다.

나무 바닥에 핀 들꽃 이야기는 앞으로도 황재현 시인이 시를 쓰는 데 있어서 모티브가 되지 않을까 생각되며 봄의 창고에서 흘러나오는 생명의 노래가 쉬지 않고 세상에 널리 퍼져 나가길 간절히 바라며 지금도 꿈을 향해 달리고 있는 그에게 큰 박수를 보낸다.

그림과책 시선 153

나무 바닥에 핀 들꽃 이야기

초판 1쇄 발행일 _ 2016년 11월 7일

지은이 _ 황재현
펴낸이 _ 손근호

펴낸곳 _ 도서출판 그림과책
출판등록 2003년 5월 12일 제300-2003-87호

03030 서울 종로구 통일로 272, 210호 송암빌딩(무악동)
도서출판 그림과책
전화 (02)720-9875, 2987 _ 팩스 (02)720-4389
도서출판 그림과책 homepage _ www.sisamundan.co.kr
후원 _ 월간 시사문단(www.sisamundan.co.kr)
E-mail _ munhak@sisamundan.co.kr

ISBN 978-89-94753-51-5(03810)

값 10,000원

이 도서의 국립중앙도서관 출판예정도서목록(CIP)은 서지정보유통지원시스템 홈페이지(http://seoji.nl.go.kr)와 국가자료공동목록시스템(http://www.nl.go.kr/kolisnet)에서 이용하실 수 있습니다.(CIP제어번호: CIP2016025475)